BALLET-HÉROÏQUE,

COMPOSÉ DU PROLOGUE

ET DU PREMIER ACTE

DES FÊTES DE L'HIMEN,

*AVEC L'ACTE D'*ÉGLÉ;

REPRÉSENTÉ,

PAR L'ACADÉMIE-ROYALE

DE MUSIQUE,

Le Vendredi 10 Juillet 1772.

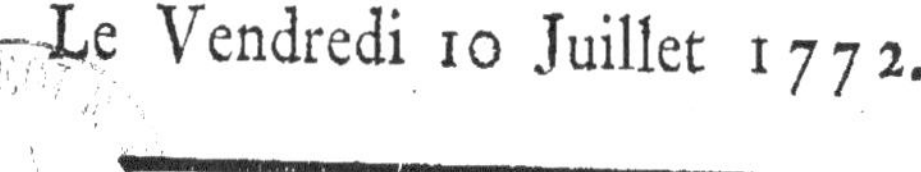

PRIX XXX. SOLS.

AUX DÉPENS DE L'ACADÉMIE.

A PARIS, Chés DE LORMEL, Imprimeur de ladite Académie, rue du Foin, à l'Image Sainte Genevieve.

On trouvera des Exemplaires du Poeme à la Salle de l'Opera.

M. DCC. LXXII.

AVEC APPROBATION ET PRIVILEGE DU ROI.

Les Paroles sont de CAHUSAC.

La Musique est de RAMEAU.

ACTEURS CHANTANTS
DANS LES CHŒURS.

CÔTÉ DU ROI.		CÔTÉ DE LA REINE.	
Meſdemoiſelles.	*Meſſieurs.*	*Meſdemoiſelles.*	*Meſſieurs.*
d'Hautrive.	Cailteau.	du Puis.	l'Écuyer.
Girardin.	Héri.	d'Agée.	Tourcati.
Garrus.	Vatelin.	Jouette.	Pâris.
la Guerre.	Lagier.	Chenais.	Marnieſſe.
de Laurette.	Van-Hecke.	de l'Or.	Ghuiot.
Durand.	Martin.	des Roſieres.	Larſſure.
Fontenet.	Larlat.	de Merei.	Capoi.
Veron.	Deſſart.	Denis, l.	Bourgouin.
Renard.	Daban.	S. Julien.	Chardon.
le Queulx.	Méon.	la Barre.	Boi.
Rouxelin.	Beghaim.	Déjardins.	Laurent.
Duval.	Cleret.		Huet.
	Tacuſſet.		Itaſſe.
	Baillon.		Parant, c.
	Cazal.		Jalaguier.
	de Lori.		Jouve.
	Deſormeri.		Noelle.
	Fagnan.		Lainez.

ACTEURS DU PROLOGUE.

L'AMOUR,	Mlle. Rosalie.
L'HIMEN,	Mlle. Châteauneuf.
UN PLAISIR,	M. Tirot.
GRACES, PLAISIRS, JEUX & RIS,	*de la* SUITE DE L'AMOUR.
SUITE DE L'HIMEN.	

PERSONNAGES DANSANTS DU PROLOGUE.

LES GRACES.

Mlles. DERVIEUX, LE CLERC, DE LORME.

JEUX ET PLAISIRS.

Mlle. DERVIEUX.

Mrs. Ledoux, Dossion, Giguet, Aubri.
Mlles. Auberte, Dauvilliers, Isoire, Adrienne.

SUITE DE L'HIMEN.

Mrs. Caster, Martinet, Hennequin c., le Roi l.
Mlles. Duchenois, Augé, Belletour, Gertrude.

PROLOGUE.

Le théâtre représente le Palais de l'AMOUR : ce dieu est placé sur un trône de fleurs : il est sans armes, & il paroît plongé dans une profonde tristesse. Les Grâces, les Jeux, les Ris & les Plaisirs s'emprèssent autour de lui.

SCÈNE PREMIÈRE.

L'AMOUR, UN PLAISIR, LES GRACES, JEUX, RIS & PLAISIRS.

UN *PLAISIR.*

DIEU charmant, essuyés vos pleurs ;
Les peines de l'Amour sont le malheur du monde.

Les Jeux, les Plaiſirs enchanteurs
Ne pourront-ils calmer votre douleur profonde ?

UN *PLAISIR*, ET LE *CHŒUR*.

Dieu charmant, eſſuyés vos pleurs ;
Les peines de l'Amour ſont le malheur du monde.

PREMIER BALLET FIGURÉ.

Les GRACES *s'efforcent de conſoler l'*AMOUR*: ſa triſteſſe continue ; elles quittent leurs parures & tous leurs ornements qu'elles dépôſent aux piés de l'*AMOUR.

L'*AMOUR*.

Mon trop juſte dépit ne peut plus ſe calmer...
Éloignés-vous, Plaiſirs ; ceſſés de me contraindre.

UN *PLAISIR*.

Qu'a-t-on à craindre
Quand on a le don de charmer ?

L'Envie a beau s'armer
Elle eſt forcée à feindre.

Qu'a-t-on à craindre
Quand on a le don de charmer ?

(LE *BALLET FIGURÉ continue.*)

UN *PLAISIR.*

Dans les ennuis, dans les allarmes,
Eh ! pourquoi consumer vos charmes,
Quand tout vous presse d'en jouïr ?

Vos beaux yeux ne doivent s'ouvrir
Qu'à ces délicieuses larmes,
Qu'arrache à la tendresse un excès de plaisir.

Dans les ennuis, dans les allarmes, *&c.*

L'*AMOUR.*

Cruël destin ! quel arrêt rigoureux !..
A l'Himen, il est vrai, j'ai déclaré la guerre;
Il régnoit en tiran sur des cœurs malheureux :
Ma victoire a comblé leurs vœux.
Destin, tu me punis du bonheur de la terre.

(*On entend une simphonie brillante.*)

L'*AMOUR, & le CHŒUR.*

Quels sons brillants font retentir ces lieux !..

L'*AMOUR.*

Ciel ! c'est l'Himen !

SCÊNE I.

L'AMOUR, L'HIMEN, *Suite de l'*AMOUR; *Suite de l'*HIMEN, *qui porte les armes & le flambeau de l'*AMOUR.

L'*HIMEN.*

FUyés, fuyés, ſombre triſteſſe,
Laiſſés regner les Jeux dans cette aimable Cour;
(*à l'Amour.*)
Connoiſſés toute ma tendreſſe.
Je ne veux employer le pouvoir qu'on me laiſſe
Qu'à faire trïompher l'Amour.

Fuyés, fuyés, ſombre triſteſſe,
Laiſſés regner les Jeux dans cette aimable Cour.

L'*AMOUR.*

Qu'entends-je ? o dieux !..

L'*HIMEN.*

Nos cœurs ſont ils faits pour la haîne?
Le deſtin m'abandonne un pouvoir glorïeux:
Qu'il ſoit égal entre nous deux.

Ma

Ma puissance pour moi deviendroit une peine,
Si l'Amour étoit malheureux.

ENSEMBLE.

Réunissons notre puissance,
Pour embellir ces nouveaux nœuds.

L'HIMEN.

Lancés, lancés vos traits.

L'AMOUR.

Faites briller vos feux.

L'HIMEN.

Des amants

L'AMOUR.

Des époux

ENSEMBLE.

Enchaînons la constance.
Par nos soins à les rendre heureux,
Signalons notre intelligence.

L'AMOUR.

Volés, Plaisirs, célébrés ce beau jour,
Volés, parés l'Himen; qu'il soit toûjours aimable.
Pour rendre notre accord durable,
Vertus, qui le suivés, ne quittés plus ma Cour.

Volés, Plaisirs, célébrés ce beau jour,
Volés, parés l'Himen; qu'il soit toûjours aimable.

SECOND BALLET FIGURÉ.

(*Les Suivants de l'*HIMEN *rendent à l'*AMOUR *son arc, son carquois & son flambeau. Les* GRACES *& les* PLAISIRS *vont reprende leurs parures. Les* GRACES *parent l'*HIMEN*; l'*AMOUR *lui donne deux fleches dorées, & ils troquent de flambeau. Les* PLAISIRS *parent les Suivants de l'*HIMEN *de guirlandes de fleurs; ce Ballet finit par l'union de l'*AMOUR*, des* GRACES *& de l'*HIMEN*, des* PLAISIRS *& des Suivants de l'*HIMEN.)

CHŒUR.

Regnés, offrés-vous aux mortels
Sous des formes toujours rïantes.
Que vos images trïomphantes
Brillent sur les mêmes autels.

FIN DU PROLOGUE.

ACTE PREMIER.

OSIRIS.

OSiris étant né bienfaisant & amateur de la Gloire, assembla une grande armée dans le dessein de parcourir la terre, pour y porter toutes ses découvertes.... Lorsqu'il pâssoit par l'Ethiopie, on lui présenta des satires... Osiris aimoit la joie, & prenoit plaisir au chant & à la danse. Il avoit avec lui une troupe de musiciens, & neuf filles instruites de tous les Arts. Ainsi, Osiris voyant que les satires étoient propres à chanter, à danser & à faire toutes sortes de jeux, il les retint à sa suite. Car d'ailleurs il n'eut pas besoin de vaquer beaucoup aux exercices militaires, ni de s'expôser à de grands périls, parce qu'on le recevoit partout comme un dieu, qui portoit avec lui l'abondance & la félicité.* DIODORE de Sicile, Liv. 1. Sect. 1re. Art. 9 **.

On a imaginé qu'un peuple instruit, respirant

* DIODORE & les autres Auteurs les appellent *les Muses*; ce sont en effet les neuf Filles à qui les Grecs ont donné ce nom.

** On se sert de l'élégante Traduction de M. l'Abbé TERASSON.

l'amour & le plaisir, mis en scêne avec un peuple d'amazônes sauvages, pouvoit produire un contraste agréable. L'existence, au reste (au même tems où vivoit Osiris) d'un peuple d'Amazônes telles à peu-près qu'on les a peintes dans cette Entrée, est suffisamment justifiée par la fâble, & même par quelques histoires. *

On a pris les principaux traits du caractere d'Osiris, de ces vers charmants de Tibulle: **

Primus aratra manu solerti fecit Osiris,
Et teneram ferro sollicitavit humum....
Non tibi sunt tristes curæ, nec luctus Osiri:
Sed chorus, & cantus, & levis aptus amor:
Sed varii flores, & frons redimita corymbis,
Fusa, sed ad teneros lutea palla pedes,
Et tyriæ vestes, & dulcis tibia cantu,
Et levis occultis conscia cista sacris, &c.

* Diod. Liv. 2. Art. 26.& 27, & Liv. 3. Art. 33.

** Tibulle, Liv. 1. Elegie 8.

ACTEURS CHANTANTS.

OSIRIS, M. le Gros.

ORTHÉSIE, *Reine d'un Peuple d'Amazônes sauvages*, Mlle. du Plant.

MYRRINE, *Amazône sauvage*, Mlle. du Ranci.

Suites d'OSIRIS, d'ORTHÉSIE, de MYRRINE.

PERSONNAGES DANSANTS.

JEUNES EGIPTIENS ET *EGIPTIENNES*,

Représentants le Printems.

Mlle. HEINEL.

Mlle. ASSELIN.

Mrs. Granier, Abraham, Hennequin l., des Bordes.

Mlles. Rozé, Martin, Lallin, du Mesnil.

MOISSONNEURS, *représentants l'Été.*

Mrs. Marinville, Barré, la Rue, Simonin c.

Mlles. Louison, Delaistre, Gertrude, Desmares.

SATIRES ET *SAUVAGES*,

représentants l'Automne.

M. d'AUBERVAL, Mlle. PESLIN.

Mrs. Henri, Duchaisne, Trupti, Durand.

Mlles. Jouveau, Lehoux, Felmée, Vélie.

PREMIÈRE ENTRÉE.

OSIRIS.

Le théâtre représente d'un côté des rochers, de l'autre des arbres mal arrangés; les uns sont sans tige, les branches de quelques autres tombent jusqu'à terre.

Dans la perspective, des rochers & l'entrée de plusieurs cavernes.

SCÈNE PREMIÈRE.

ORTHÉSIE, MYRRINE.

MYRRINE.

IL faut vaincre, ou subir un honteux esclavage.
Reine, ces mortels odieux
Osent braver notre courage,
Ils vont reparoître en ces lieux...

C'eſt du nom d'Oſiris, leur chef audacïeux,
Qu'ils font retentir le rivage.

ORTHÉSIE.

Entendois-tu leurs perfides diſcours?..

Que ces mortels ſont redoutables!
Mon bras à mon repos doit immoler leurs jours.

Par des ſerments invïolables,
J'ai promis à nos dieux d'en terminer le cours...

Que ces mortels ſont redoutables!
Mon bras à mon repos doit immoler leurs jours.

MYRRINE.

Ce ſexe ambitïeux n'aſpire
Qu'à nous aſſervir;
Et c'eſt pour uſurper l'empire
Qu'il feint de vouloir obéir.

Il regnoit en ces lieux; l'eſclavage & les larmes
Étoient le prix de nos appas:
Nos meres en couroux, par un juſte trépas,
Vengerent les dieux & nos charmes.

CHŒUR

CHŒUR d'AMAZONES sauvages, derrière le théâtre. ORTHÉSIE, MYRRINE, & leurs SUITES s'y joignent.

Aux armes... Courons aux armes.
Haîne implacable, arme nos bras.

(*Pendant ce CHŒUR, les AMAZONES sauvages armées viennent en foule sur le théâtre.*
OSIRIS arrive en même tems, avec une suite nombreuse.)

SCÈNE II.

OSIRIS, ORTHÉSIE, MYRRINE, *Suite d'*OSIRIS, AMAZONES *sauvages.*

OSIRIS,

N'Ecouterés-vous que la haîne,
Quand je viens vous offrir la paix ?
Que craignés-vous, charmante reine ?
On n'a point d'ennemis quand on a tant d'attraits,
Et c'est l'Amour qui vous amene
Des cœurs soûmis, & de nouveaux sujèts.

Que craignés-vous, charmante reine ? &c.

ORTHÉSIE.

Témeraire, crains mon couroux...
Fuis... Nos dieux & nos loix de ces lieux vous banniſſent.

MYRRINE, & les AMAZONES ſauvages.

Qu'ils ſoient enchaînés, qu'ils périſſent!
Frappons: qu'ils tombent ſous nos coups.

OSIRIS.

Que vous connoiſſés mal le pouvoir de vos charmes!
Eh! pourquoi recourir aux armes,
Pour nous donner des fers?
La beauté fait votre partage,
Pour nos cœurs vous êtes l'image
Des dieux qu'adore l'univers.

Volés, volés à la victoire,
L'Amour & la Gloire
Offrent à vos attraits un triomphe plus doux.

Volés, volés à la victoire,
Laiſſés regner l'Amour, l'univers eſt à vous.

ORTHÉSIE.

Aux douceurs d'un frivole hommage,
Nous ſavons préférer une noble fierté.

Nous trouvons, en ce lieu ſauvage,
La gloire, dans notre courage;
Et le bonheur, dans notre liberté.

Je vois tes ſoins comme un outrage,
Mon peuple avec moi le partage:
Qu'eſperes-tu de ta témérité?

Nous trouvons, &c.

Va, crains la mort, ou l'eſclavage.

OSIRIS.

Je guide un peuple généreux
Qui, ſans la redouter, fuit l'horreur de la guerre.
Il met tout ſon bonheur à faire des heureux.
Son art, cher aux humains, orne, enrichit la terre;
Il la rend, par ſes ſoins, la rivale des cieux.
Partagés avec nous ſes bienfaits précïeux.

ORTHÉSIE.

Qu'importent ces faux biens au cœur qui les ignore?
Crois-tu par leur appas déſarmer nos rigueurs?

OSIRIS.

Amour! tu peux fléchir les plus ſauvages cœurs.
C'eſt pour ta gloire, Amour, qu'aujourd'hui je t'implore.

(*à sa suite.*)

Vous, qui suivés mes pas, offrés à leurs regards
Les présens de Cérès, de Pomone & de Flore,
Et les fruits aimables des Arts.

PREMIER BALLET FIGURÉ.

Trois différens Quadrilles représentant le Printems, *l'*Été, * *& l'*Automne, *offrent à* ORTHÉSIE *toutes les especes de fleurs & de fruits.*

Ces trois troupes se perdent successivement dans les rangs des Amazônes sauvages. MYRRINE *suit la première.*

* Les Satires de la Suite d'OSIRIS représentent l'Automne.

SCÈNE III.

OSIRIS, ORTHÉSIE, SUITE D'OSIRIS.
SUITE D'ORTHÉSIE, EGIPTIENS
ET EGIPTIENNES *représentant les Saisons.*

CHŒUR D'AMAZONES SAUVAGES après le Ballet.

QUels doux parfums, quelles vives couleurs !

OSIRIS, à ORTHÉSIE.

Dans ces lieux la naissante Aurore
Répandra-t-elle en vain ses pleurs ?
Zéphire, pour fixer ses volages ardeurs,
N'y trouvera-t-il jamais Flore ?

Ce n'est que pour parer l'amante qu'il adore,
Que son souffle amoureux fait éclore les fleurs.

SCÈNE IV.

MYRRINE, *& les Acteurs de la Scène précédente.*

MYRRINE,

(*aux* AMAZONES.)

PEuple leger, ton cœur cèsse d'être inflexible.

(*à* ORTHÉSIE.)

Une indigne pitié suspend votre couroux.
Ah! dûssé-je périr, je cours, s'il est possible,
D'un piége trop fatal vous sauver malgré vous.

(*MYRRINE sort par le fond du théâtre.*)

SCÈNE V.

LES MUSES *de la suite d'*OSIRIS, *& les Acteurs de la Scène précédente.*

SECOND BALLET FIGURÉ.

Les MUSES *de la suite d'*OSIRIS, *après avoir offert à* ORTHÉSIE *tout ce que les Arts ont inventé de rare & d'agréable, se réunissent avec les Egiptiens & Egiptiennes du* premier Ballet, *pour élever de riches berceaux de fleurs des deux côtés du théâtre.*

(Toutes les Amazônes sauvages que la crainte avoit tenu éloignées, accourent à ce Spectacle, & remplissent ce côté du théâtre. Elles portent un javelot d'une main ; elles tiennent de l'autre des fleurs & des fruits dont les acteurs du Ballet étoient chargés, & qu'ils ont abandonnés à ce peuple sauvage.)

CHŒUR D'AMAZONES *sauvages.*

QUels objèts enchanteurs ! quels charmes inconnus !

Un dieu seul a pu les produire.

ORTHÉSIE, à part.

Ils m'étonnent, sans me séduire,
Et je ne crains que ses vertus.

(Les Acteurs du Ballet sortent.)

SCÈNE VI.

OSIRIS, ORTHÉSIE, *& leur* SUITE.

*OSIRIS, en approchant d'*ORTHÉSIE.

VOtre peuple, qu'instruit la voix de la nature,
Semble oubliër les serments qu'il a faits.

ORTHÉSIE, en réflexion.

Ciel ! suspendre nos coups, est peut-être un parjure.

OSIRIS.

Ces barbares serments offensent vos attraits,
Et sont pour les dieux une injure.

Les dieux ne nous donnent le jour
Que pour nous voir unis par les plus douces chaînes.
Ces nœuds charmants adoucissent les peines,
Et du plaisir, qui fuit, assûrent le retour...

ORTHÉSIE.

Aux accents d'une voix si tendre,
Le charme qui vient me saisir
Dans les airs semble se répandre.
Aux accents d'une voix si tendre,
On croit respirer le plaisir...
Quelle foiblesse ! o ciel !.. Hâte toi de partir,
* Ou songe à te défendre.

OSIRIS.

** Non, frappés, ou cessés enfin de me haïr.

CHŒUR de la suite d'OSIRIS.

A l'Amour tout doit rendre hommage
Les plaisirs, le bonheur sont le prix de nos vœux.

* En levant le bras pour frapper OSIRIS.

** En s'offrant aux coups d'ORTHESIE.

ORTHÉSIE.

ORTHÉSIE.

Le trouble que je ſens ſeroit-il ſon ouvrage !
Eh ! quel eſt donc ce dieu qu'on ignore en ces lieux ?

OSIRIS.

Il règne en ſouverain ſur toute la nature,
Elle ſe ranime à ſa voix :
Les jours ſont plus ſereins, l'onde devient plus pure,
Mille charmants concerts font retentir les bois ;
Les fleurs naiſſent, les champs ſe parent de verdure :
Pour embellir la terre, il lui donne des loix.

(*On entend un bruit de guerre ſauvage. On voit ſortir des cavernes du fond du théâtre, & paroître une troupe d'Amazônes ſauvages conduite par* MYRRINE.)

SCÈNE VII.

OSIRIS, ORTHÉSIE, MYRRINE, *& leurs Suites.*

MYRRINE & ſa Suite, fondant ſur OSIRIS.

QUe notre ferment s'accompliſſe,
Qu'Oſiris périſſe !
Vengeons nos dieux irrités.

ORTHÉSIE, qui se précipite entre OSIRIS *&* MYRRINE.

O ciel!.. Barbares, arrêtés...
Obéissés à votre reine.

MYRRINE, & sa Suite.

Non, non, n'écoutons que la haîne.
Vengeons nos dieux irrités.

ORTHÉSIE.

Barbares, arrêtés!
(*à sa* SUITE.)
Accourés à la voix de votre souveraine:
Deffendés Osiris de leur rage inhumaine.

OSIRIS, ORTHÉSIE, CHŒURS *de leur suite.*

Barbares, arrêtés!
Obéissés à votre reine.

(MYRRINE *est enveloppée par la suite d'*OSIRIS *& d'*ORTHÉSIE.)

ORTHÉSIE.

Qu'on la désarme, qu'on l'enchaîne.

MYRRINE désarmée, à ORTHÉSIE.

Tu m'accâbles en vain; je suis libre, & tu sers.
Va, ton injustice & mes fers
Sont moins à craindre que ta chaîne.
(*On l'emmene.*)

SCÊNE VIII.

OSIRIS, ORTHÉSIE, (*& leur ſuite.*)

OSIRIS.

Vous deffendés des jours que j'offre à vos appas!
N'ayés plus d'allarmes.
Les Jeux & les Plaiſirs, qui marchent ſur mes pas,
Contre vous ſont nos ſeules armes.

ORTHÉSIE.

Eh! que feroit ſans toi l'appareil qui te ſuit?...
C'eſt à la main qui les conduit,
Que les plaiſirs doivent leurs charmes.

OSIRIS.

Qu'entends-je?.. je triomphe, & l'Amour eſt vainqueur!

ORTHÉSIE.

L'Amour, en m'éclairant, commence mon bonheur.

OSIRIS.

Qu'à la voix d'Oſiris ces deſerts s'embelliſſent.
Rochers affreux, diſparoiſſés.

Volés, Zéphirs, volés; aimables fleurs, naissés.
Que, pour s'aimer toûjours, nos deux peuples s'unissent.

(*Le fond du théâtre change, & représente une campagne fertile, chargée de moissons, de fleurs, & de fruits.*)

(*L'union des deux peuples fait le sujet du dernier divertissement.*)

OSIRIS.

Règne, Amour; lance tous tes traits;
Règne à-jamais.
Mon bonheur fait ta gloire:
Le prix de ta victoire
Est pour les cœurs que tu soûmèts.
Règne, Amour; lance tous tes traits.

(*L'entrée finit par une contre-danse générale sur le chant des oiseaux.*)

ÆGLÉ,

BALLET-HÉROÏQUE,

EN UN ACTE.

Le Poeme eſt de M. LAUJON, *Secrétaire des Commandements de S. A. S. Monſeigneur le Duc* DE BOURBON.

La Muſique eſt de M. DE LA GARDE, *Maître de Muſique des Enfants de* FRANCE, *& Surintendant de celle de Monſeigneur le Comte de* PROVENCE.

ACTEURS.

APOLLON, *sous l'habit d'un berger & sous le nom de* MISIS,	M. l'Arrivée.
ÆGLÉ, *bergere*,	M[de]. l'Arrivée.
LA FORTUNE,	Mlle. Rosalie.
UNE BERGERE,	Mlle.

GÉNIES, *Suivants de la* FORTUNE.

BERGERS & BERGERES.

PLAISIRS.

PASTRES & PASTOURELLES.

PERSONNAGES DANSANTS

SUIVANTS DE LA FORTUNE.

M. VESTRIS.

M. GARDEL.

Mrs. Beaulieu, Gallet, Rivet, Lefevre, Huart, Simonet, Caſter, Martinet, Leroy l., Dupré, Dauvigni, James.

BERGERES.

Mlle. GUIMARD.

Mlles. Gaudot, d'Elfevre, Gallet, la Fond, de l'Orme, Thevenet, le Bel, des Haies.

PLAISIRS.

M. GARDEL.

M. SIMONIN, Mlle. D'ERVIEUX.

Mrs. Doſſion, le Doux, Giguet, Aubri.

Mlles. d'Auvilliers, Iſoire, Auberte, Adrienne.

PASTRES ET PASTOURELLES.

M. D'AUBERVAL, Mlle. ALLARD.

Mrs. Marinville, Barré, la Rue, Simonin c.

Mlles. Delaiſtre, Louiſon, Dumont, Gertrude.

ÆGLÉ,

ÆGLÉ,

BALLET-HÉROÏQUE.

Le théâtre repréſente des bois & des vergers agréables ; le fond eſt occupé par le temple de la FORTUNE.

SCÈNE PREMIÈRE.

ÆGLÉ, ſeule.

AH ! que ma voix me devient chere,
Depuis que mon berger ſe plaît à la former !
Amour, rends mes accents dignes de le charmer !
C'eſt peu, c'eſt trop peu de lui plaire ;
Ne pourrai-je point l'enflâmer ?

Lorſque Miſis, dans ce bocage,
Vint prêter à mes chants un charme plus flatteur,
Amour, c'étoit le plus doux eſclavage
Que tu préparois à mon cœur !

Ah ! que ma voix me devient chere,
Depuis que mon berger ſe plaît à la former !
Amour, rends mes accents dignes de le charmer !
C'eſt peu, c'eſt trop peu de lui plaire ;
Ne pourrai-je point l'enflâmer ?

(*Une ſimphonie annonce l'arrivée de la* FORTUNE.)

La Fortune paroît ! cher amant que j'adore,
Le plaiſir de te voir s'éloigne donc encore !

(*Elle ſort.*)

SCÈNE II.

LA FORTUNE, CHŒUR *de* GÉNIES, SUIVANTS *de la* FORTUNE.

(*Marche des Suivants de la* FORTUNE.)

LA FORTUNE.

O Vous, que le Destin enchaîne sur mes pas,
Esprits impatïents, troupe aveugle & volage,
Ne murmurés pas davantage
De me voir si longtems habiter ces climats.

Je ne suis plus cette fière déèsse,
Maîtresse de changer à mon gré l'univers :
Un berger me donne des fers,
Et le cruël encor résiste à ma tendresse.

LE CHŒUR.

D'une funeste flâme il faut vous dégager.
Le plaisir, sur vos pas, règne avec l'abondance :
Fuyés l'ingrat, qui vous offense ;
C'est le punir, c'est vous venger.
Fuyés l'ingrat qui vous offense.

LA FORTUNE.

Pour être ingrat, en ſait-il moins charmer?
Le doux eſpoir de l'enflâmer
Me fait trouver mille appas dans ma peine:
Pour être ingrat, en ſait-il moins charmer?
Malgré les rigueurs de ma chaîne,
Je fais encor mon bonheur de l'aimer.
Pour être ingrat, en ſait-il moins charmer?

(*à part.*)

Mais il vient. Ah! l'Amour, peut-être, le ramene.

(*à ſa Suite.*)

Éloignés-vous.

(*La Suite de la* FORTUNE *ſe retire.*)

SCÈNE III.

LA FORTUNE, MISIS.

MISIS, à part.

LA Fortune en ces lieux !
Sous cet habit rustique, & peu fait pour les dieux,
Apollon à son cœur n'offre que trop de charmes.

LA FORTUNE.

Tu crains de paroître à mes yeux :
Tu vas renouveller mes mortelles allarmes.

Ah ! si tu ne viens point répondre à mon ardeur,
A mes regards pourquoi t'offrir encore ?
Ta vue est trop funeste au repos de mon cœur :
Elle va redoubler le feu qui le dévore.

Ah ! si tu ne viens point répondre à mon ardeur,
A mes regards pourquoi t'offrir encore ?

MISIS.

Pourquoi chercher à m'engager ?
C'est un plaisi pour vous de devenir volage ;
L'inconstance est votre partage :

L'amour conſtant eſt celui d'un berger.
Pourquoi chercher à m'engager ?

LA FORTUNE.

Cette légereté, dont ton amour s'offenſe,
Eſt un titre nouveau, qui te parle pour moi.

Je vois tous les mortels avec indifference ;
Ils éprouvent mon inconſtance ;
Cœur ingrat ! je ne ſuis conſtante que pour toi.

Cette légereté, dont ton amour s'offenſe,
Eſt un titre nouveau, qui te parle pour moi.

MISIS.

Ah ! c'eſt trop feindre ; j'aime, & ne dois plus le taire.

Lorſque vous quittés tout pour l'objet de vos feux,
Ne me dites-vous pas ce que mon cœur doit faire ?
Ah ! conſultés les yeux de ma bergere ;
Ils vous le diront encor mieux.

Æglé tient tous ſes biens des mains de la nature ;
Sa richeſſe, c'eſt la beauté :
L'art ne releve point l'éclat de ſa parure ;
Des fleurs ſont l'ornement de ſa ſimplicité :
Et ſon cœur, qui jamais ne connut l'impoſture,
Que rien encor n'a pu charmer,

Eſt le prix que l'Amour aſſûre
Au berger, trop heureux, qui pourra l'enflâmer.

LA FORTUNE.

C'eſt trop entendre un ingrat qui m'offenſe.
C'eſt aſſés ; je dois vaincre une inutile ardeur.
C'eſt déſormais aux traits de ma vengeance,
Que tu reconnoîtras les tranſports de mon cœur.

(*Elle ſort.*)

MISIS, à part.

Ah ! je crains ton couroux bien moins que ta conſtance.

SCÈNE IV.

MISIS, ſeul.

PAiſibles bois, vergers délicïeux,
J'abandonne, pour vous, le ſéjour du tonnerre.
J'ai laiſſé mon rang dans les cieux ;
Tous mes plaiſirs ſont ſur la terre.

Æglé me croit berger ; que mon cœur eſt flatté !
Mon rang eſt un ſecret qu'il faut que je lui cele,
Même après ma félicité.

Comme berger, je goûterai près d'elle
Les plaiſirs de l'amour & de l'égalité ;
Et ſi je me ſouviens de ma divinité,
Ce ſera pour brûler d'une ardeur éternelle.

Paiſibles bois, *&c.*

Mais Æglé porte ici ſes pas....

SCÈNE V.

ÆGLÉ, MISIS.

MISIS.

AH ! je vous attendois, bergere.

ÆGLÉ.

Hélas ! dans ces vergers je ne vous croyois pas.

MISIS.

J'y viens, quand le jour les éclaire,
Animé par l'eſpoir d'entendre votre voix.

ÆGLÉ.

C'eſt vous qui la formés : oui, ſi ma voix peut plaire,
C'eſt à vous ſeul, Miſis, que je le dois.

Un

Un jour, que je chantois ſous ces naiſſants ombrages,
Tous les oiſeaux de ces bocages
Formerent, à-l'envi, les concerts les plus doux.
Je crus qu'ils imitoient, dans leurs tendres ramages,
Les leçons que je tiens de vous.

MISIS.

Que mon cœur eſt flatté d'un ſi charmant langage!..
Quand je ne vous vois pas,
Des airs que j'ai choiſis je vous offre l'hommage:
D'un tendre ſoûvenir je goûte les appas.
Mon cœur ainſi ſe dédommage
Des douceurs que je perds, quand je ne vous vois pas.

ÆGLÉ.

Et quand vous me quittés, je m'occupe, ſans-cèſſe,
A répéter les airs dont vous avés fait choix.

Mais, quelque doux qu'ils ſoient, j'y trouve une triſteſſe
Qu'ils n'ont pas, quand tous deux nous uniſſons nos voix.

MISIS.

Nos bergers, l'autre jour, m'apprirent un air tendre,
Un air ſimple & touchant... il ſemble fait pour nous...

Il convient à nos voix... Ce qui peut vous ſurprendre,
J'y place votre nom.

ÆGLÉ.

Mon nom?

MISIS.

Daignés m'entendte:
Je chante toûjours mieux, quand je chante pour vous...
Mais non, ſuivés plûtôt une route plus ſûre:
Avant d'imiter l'art, conſultés la nature.
Chantés, ne craignés rien; tout par vous s'embellit.

(*Il lui donne la chanſon.*)

ÆGLÉ *chante d'une voix timide.*

» Que je vous aime!
» Je vous inſtruis, enfin, de mon amour extrême.
» Il eſt tems de parler, lorſque tout me trahit;
» Le trouble de ma voix, mes yeux... ah! tout vous dit:
» Que je vous aime,
» Æglé! que je vous aime!»

MISIS, *lui donnant leçon.*

» Que je vous aime,
» Æglé! que je vous aime!»

ÆGLÉ.

Vous n'êtes pas content ; vous blâmés, je le vois,
Mes sons, mal assûrés... le trouble de ma voix.

MISIS.

Ils m'enchantent !...

ÆGLÉ.

Misis, parlés-moi sans mistere.

MISIS.

Cette timidité me paroît nécessaire.
On doit être timide en avoüant ses feux.

ÆGLÉ.

Ah ! vous me rassûrés.

MISIS.

Je me plains de vos yeux :
Les miens expriment mieux... » Æglé, que je vous aime ! »

ÆGLÉ.

Je les regarderai, pour m'exprimer de même.

MISIS, *continuant la leçon.*

» Que je vous aime,
» Æglé ! que je vous aime ! »

ÆGLÉ prononce le nom de ſon amant, au lieu de celui de la chanſon.

» Que je vous aime,
Miſis!... »

MISIS.

Dieux!

ÆGLÉ.

Ciel! qu'ai-je fait?

MISIS, à ſes genoux.

Mon bonheur.

ÆGLÉ.

Ah! je vous regardois, vous paroîſſiés ſincere;
Comment ne pas trahir le ſecret de mon cœur?

MISIS.

Pour former votre voix, l'art eſt-il néceſſaire?
C'eſt votre cœur que je voulois former.

ÆGLÉ.

Eh! je n'apprenois l'art de plaire,
Que pour apprendre à vous charmer.

ENSEMBLE.

Pour toûjours l'Amour nous enflâme;
Ce dieu peut-il unir deux amants plus parfaits?

Non, si j'en dois juger par mon âme,
Vous ne changerés jamais.

Tendre Amour, dans vos chaînes
Tout, jusqu'à vos peines,
Nous fait mieux goûter vos bienfaits.

(*On entend une simphonie qui sort du temple de la* FORTUNE.)

Dieux! quels sons pleins d'attraits!

SCÊNE VI.

(*Le temple de la* FORTUNE *s'ouvre. Cette déésse y paroît au milieu de sa Suite, qui offre aux yeux des bergeres ses trésors les plus éclatants.*)

LA FORTUNE, ÆGLÉ, MISIS, CHŒUR *de* BERGERS *&* *de* SUIVANTS *de la* FORTUNE.

CHŒUR de BERGERS.

COurons, volons dans ces forèts.

CHŒUR de SUIVANTS de la FORTUNE.	*CHŒUR de BERGERES.*
Trïomphés, Fortune brillante: Des Plaisirs la troupe rïante	Que d'aimables concerts ! Quel éclat nous enchante !

Embellit le séjour où vous portés vos pas,
Et vole loin des lieux où vous ne reqnés pas.

(*Danse des Suivants de la* FORTUNE.)

LA FORTUNE, aux BERGERES.

Je dispôse à mon gré des trésors de la terre:
Si mes biens vous sont chers, je les offre à vos cœurs.
Abandonnés pour moi tout ce qui peut vous plaire,
Bergeres ; à ce prix on obtient mes faveurs.

(*On danse.*)

CHŒUR de BERGERES.

Soûmettons-nous à ſa puiſſance :
Que de biens elle diſpenſe !
Qu'elle règne à jamais
Sur nos cœurs ſatisfaits.

(Elles ſe rendent au temple de la FORTUNE. ÆGLÉ *ſeule reſte.)*

LA *FORTUNE, à part.*

Æglé ne les ſuit point !

MISIS.

Dieux ! que vois-je ?

LA *FORTUNE, à* ÆGLÉ.

Bergere,
L'éclat de mes bienfaits n'éblouït point vos yeux ?

ÆGLÉ.

Il en eſt de plus chers.

LA *FORTUNE, à part.*

De plus chers ! juſtes dieux !

ÆGLÉ.

J'ai le cœur d'un berger ſincere.
Nos troupeaux ſont nos biens ; nous vivons ſans deſirs.

Bien aimer, voilà mes plaiſirs :
Miſis, ma gloire eſt de vous plaire.

LA FORTUNE.

Trïomphe, ingrat ! vois mon dépit affreux.
Oui, je voulois ravir ta bergere à tes feux.
Il eſt un cœur conſtant, & l'Amour te le donne.

(*à ſa* SUITE.)

Portons loin de ces lieux ma honte & ma douleur.

(*Aux* BERGERES.)

Vous, ne me ſuivés pas ! témoins de mon malheur,
Bergeres, je vous abandonne ;
Vous pourriés de mes maux me retracer l'horreur.

(*Elle ſort, & ſon temple diſparoît.*)

(*Le théâtre repréſente un payſage agréable.*)

SCÊNE

SCÈNE DERNIÈRE.

ÆGLÉ, MISIS, BERGERS & BERGERES, PLAISIRS, PASTRES & PASTOURELLES.

MISIS, aux BERGERES.

DAns vos hameaux vivés tranquilles ;
Ils offrent à vos cœurs des biens plus précïeux.
Et vous, qu'elle exiloit de ces charmants asiles,
Doux plaisirs, revenés ; célébrés par vos jeux
L'Amour, qui pour-jamais l'éloigne de ces lieux.

(*Danse de Plaisirs, de Pastres & Pastourelles & de Bergers & Bergeres.*)

ÆGLÉ, MISIS, avec le CHŒUR.

Par tes feux,
Tout l'univers est heureux ;
Doux charme de nos âmes,
Amour ! tu les enflâmes !
Pour jamais
Tu les soumèts !
Dans tes fers,
Quelques maux qu'on ait soufferts,
On les chérit, on t'adore.

Tes rigueurs
Font mieux goûter tes douceurs :
Dans tous nos cœurs
Tes traits vainqueurs
Viennent de faire éclore
Ton ardeur ;
Sans toi, le cœur ignore
Son bonheur.

(*On danse.*)

MISIS.

Tôt, ou tard, il faut qu'on aime ;
Sur nos cœurs l'Amour a des droits :
Vainement la Raison-même
Se voudroit soustraire à ses loix :
A ses armes,
A ses charmes,
Non, jamais un cœur n'échappe :
On fuit,
Pas à pas l'Amour suit ;
Il soûrit ;
Son feu luit,
Le trait part & frappe.

(*On danse.*)

UNE *BERGERE, aux Plaisirs, en regardant* MISIS & ÆGLÉ.

Venés, Plaisirs, serrés leurs nœuds ;
Enchaînés-les, comblés leurs vœux.

(*Aux deux amants.*)

Pour vous plus de peines,
D'allarmes, de pleurs :
Ce ſont des fleurs
Qui vont former vos chaînes.

(*On danſe.*)

MISIS & ÆGLÉ, alternativement avec le CHŒUR.

Aimons, aimons : eſt-il un ſort plus doux ?
Amour, tu rends les dieux jaloux
Des biens que tu répands ſur nous.
Fierté, raiſon, qu'attendés-vous ?
Des cœurs heureux vous diſent tous :
» Aimons, aimons ; eſt-il un ſort plus doux ?
» L'indifference eſt un ſommeil,
» Dont l'Amour prêſſe le réveil :
» Aux vrais plaiſirs, au vrai bonheur
» Preferés-vous froideur, langueur ?
Amour ! tes feux
Nous rapprochent des dieux :
Notre encens brûle à tes autels
Avec l'encens des immortels ;
Ont-ils des plaiſirs plus réèls
Que ceux de nos feux mutuëls ?

Non, non : quels biens, plus sûrs de les charmer !
Quels nœuds plus doux peut-on former !..
Dieu des plaisirs, dieu des amours,
Sur nos deux cœurs règne toûjours !

(*On danse.*)

CHŒUR, auquel s'unissent les danses qui terminent ce Ballet.

Au son de nos chalumeaux,
Rïons, chantons, sous ces ormeaux !
Vole, Amour, vole en ces lieux !
Règne en nos jeux !

FIN.

APPROBATION.

J'AI lu, par ordre de Monseigneur le Chancelier, le *Prologue* & le *Premier Acte* des *Fêtes* de l'*Himen* & *Æglé*, Ballet-Héroïque ; & je crois qu'on peut en permettre l'impression. A Paris le 29 Juin 1772.

MARIN.

www.ingramcontent.com/pod-product-compliance
Ingram Content Group UK Ltd.
Pitfield, Milton Keynes, MK11 3LW, UK
UKHW021509260726
13993UKWH00004B/1617

9 782329 586236